Otto Blümel, am 21. 10. 1881 in Augsburg geboren, machte sich schon bald als Innenarchitekt, Maler, Grafiker und Illustrator sowie als Lehrer bei den »Vereinigten Werkstätten für Kunst im Handwerk« (Bremen/München) einen Namen. Auch als Autor von Kasperlespielen und eines in bayrischer Mundart verfaßten Krippenspiels wurde er bekannt. Otto Blümel ist am 27. 10. 1973 in Garmisch-Partenkirchen gestorben.

Seit seinen regelmäßigen Sommeraufenthalten bei Hermann Hesse am Bodensee zählte er zum engeren Freundeskreis des Dichters, mit dem ihn eine lebenslange Korrespondenz verband.

1911, kurz bevor Hermann Hesse zur weitesten Reise seines Lebens nach Indonesien aufbrach, haben ihn seine Künstlerfreunde am Bodensee mit einem Schattenspiel von hinreißender Komik überrascht. Diese von Otto Blümel mit ungewöhnlichem Sprach- und Bildwitz gereimte und gestaltete Moritat sollte den Dichter auf die Gefahren der Reise vorbereiten und ihn mit den Tücken der Meerfahrt vertraut machen.

Volker Michels (*1943) studierte Medizin und Psychologie in Freiburg und Mainz. Seit 1969 Lektor für deutsche Literatur, ist er Herausgeber zahlreicher Autoren und Editionen. Besonders widmet er sich dem Werk Hermann Hesses, dessen erste Gesamtausgabe, Brief- und Aquarellpublikationen er betreut.

insel taschenbuch 2430

Hermann Hesses

Indienreise

Hermann Hesses Indienreise

Eine Moritat

Als Schattenspiel
in Verse und Bilder gebracht
von Otto Blümel

Herausgegeben
mit einem Nachwort
von Volker Michels

Insel Verlag

4. Auflage 2016

Erste Auflage 2002
insel taschenbuch 2430

Vertrieb durch den Suhrkamp Taschenbuch Verlag
Printed in Germany
Umschlag: hißmann, heilmann, hamburg
ISBN 978-3-458-34130-7

Hermann Hesses Indienreise

An dem grünen Bodensee,
wo er sich zum Rhein verengt,
saß Herr Hesse beim Kaffee
in ein altes Buch versenkt.
Und er las, wie einst vor Jahren
Brandon auf dem Meer gefahren,

und was dort er alles sah,
wieviel Wunder ihm geschah,
las von nie gehörten Ländern,
wo man ledig von Gewändern
nur in seiner braunen Haut,
auf dem Baum Bananen kaut.

Wo so groß wie Kleiderkästen
Käfer sitzen auf den Ästen,
böse Tigeraugen funkeln
nachts im Dunkeln durch
die Dschungeln,
wo das Zebra nicht begreift,
daß man nicht wie es gestreift,
wo beim Klang des frommen Sanges
Priester fahren auf dem Ganges,
wo die Sonne so heiß glüht,
daß die Lotusblume blüht . . .

daß im Meer auf öden Klippen
Rippen bleichen ganzer Sippen,
welche hier der nasse Tod
warf ans Ufer samt dem Boot.
Ja selbst jene, die entkamen,
hielten nicht ihr Schicksal auf:
trotz der hochberühmten Namen
fraß sie doch ein Haifisch auf,
oder wie ein Star den Wurm
schlang hinunter sie ein Sturm.

»Dies ist alles leicht beschreiblich,
aber mir ist es nicht gläublich«,
sprach Herr Hesse zum Kaffee
(immer noch am Bodensee).
»Nicht der Druckerschwärze trauen,
sondern selber gehn und schauen

scheint mir rechten Mannes Art.
Mich gelüstet, solche Fahrt
einmal selbst zu unternehmen,
um den Lügner zu beschämen!«

Lied

Fort nach Indien, fort nach Indien
werde ich den Weg schon findien
auf dem treuen Segelschiff.
Nein, mich schrecket keine große
aufgeblasne Wasserhose
und kein unbekanntes Riff.
O Poseidon! Sei kein Flegel!
Holder Zephir, bläh das Segel!
Du, Fortuna komm an Bord!

Ja, in solchem Freundeskreise
scheu ich keine kühne Reise,
komm ich sicher in den Port.

In der Schweizer Stadt Schaffhausen
packt er seine Sachen ein.
Unterhalb des Falls vom Rhein,
mitten in der Wellen Brausen
stieg er in sein Schifflein ein.

Rasch trägt ihn der breite Strom
hin durch neues fremdes Land,
manche Stadt mit Schloß und Dom,
kleines Dorf vorüber schwand,
Waldgebirges grüne Enge,
sanft geneigte Rebenhänge,

dann durch Auen flach und weit,
dachte er vor lauter Schauen
nicht an Wünsche, Ziel und Zeit.
Doch zuletzt durch Holland windet
sich des Dichters Indienkahn,
wo der müde Rheinstrom mündet

in den großen Ozean.
Alles riecht nach Salz und Teer
wie ein altes Heringsfaß,
und schon packt von hinten her
ihn ein grober Boreas;
Bläst ihn weiter ohne Gnade
Weg vom gastlichen Gestade,
daß er nicht mehr wissen kann,
unter welchem Breitengrade
er nun treibt – wieso und wann?

Doch des Sturmes grimmes Wüten
schert den Tapferen nicht viel,
Nur nach dem ersehnten Süden
ist das Ziel für seinen Kiel.
Siehe! Er umschifft Europen
und ist plötzlich in den Tropen.
Eine fürchterliche Wärme
Brennt sich tief bis ins Gedärme,
und es schmurgelt das Gehirn
wie im Ofen eine Birn.

Denn die Sonne steht sehr nah
überm Erdteil Afrika,
den am fernen Horizonte
nun der Segler sehen konnte.
Eine Sand- und Jammerwüste
schien ihm diese öde Küste.

Kaum einmal am kahlen Saum
zeigte sich ein Palmenbaum.
Diesen mißvergnügt betrachtend,
ja, geradezu verachtend,
sprach er: So so. Afrika . . .
als er plötzlich nichts mehr sah. –

Denn von hintenher ein Hai
packte an und war so frei:
Ohne jede Anstandsregel
schnappt er, schluckt er Boot
und Segel,

drückt's hinunter durch den Schlund
und fährt damit auf den Grund.
Aber von den ziemlich großen
ganz mit Gift gefüllten Dosen
(für die Tropenschmetterlinge,
wenn man etwa welche finge)

sprang dabei mit lautem Schwapp
der zerbeulte Deckel ab,
Oh! Das war ein großes Glück!
Selbst der größte Haifischmagen
kann nicht so viel Gift vertragen,
und er gab's auch prompt zurück.
Das geschah seit Jonas nie,
daß ein solches Vieh sich spie.
Lob und Preis sei der Chemie!

Aus des Ungeheuers Fresse,
ganz vermöbelt und vernudelt,
kam der edle Dichter Hesse
jählings an das Licht gestrudelt,
und ein greulicher Taifun
sorgte für das Weitre nun!
Seine halbzerquetschten Glieder
schmiß der Sturmwind auf
und nieder,

als des Jammers wahres Bild
wurde er herumgedrillt,
daß ihm weh und elend ward
über solche Schaukelfahrt,
bis ihm schließlich der Verstand,
Wille und Bewußtsein schwand.

Als er, wie gewohnt, um achte
neu zum Leben auferwachte,
fand er sich an einem Strand,
der ihm völlig unbekannt,
und aus nichts bestand als Sand.

Alles leer – ja, von Kultur
war da wirklich keine Spur.
Suchend geht er hin und her,
doch er sieht vom Boot nichts mehr.
Ach, verloren alle Schätze
bis auf sein getreues Netze!
Da! aus fernem Kaktusdorne
schleichen her drei Eingeborne . . .
Sie beschleunigen die Schritte,
die Begegnung wird so kurz
wie aus Bast ihr Lendenschurz.

Grinsend nehmen in die Mitte
sie den weißen Musensohn –
Und im Eilschritt geht's davon.
Durch des Urwalds dumpfes Grün
trappen sie mit ihm dahin,
wo die bunten Papageien
und die wilden Affen schreien,
wo die Riesenkäfer schwirren
und die Klapperschlangen klirren,
wo die Luft so heiß und dumpf
wie in einem trüben Sumpf,

daß Herr Hesse sagte schwül:
»Deutscher Wald, wie bist du kühl!«
Siehe da: mit einemmal
Öffnet sich ein runder Kral,
hier führt man mit Trommelschlag
ihn in einen Bambushag,

wo auf einem Nashorn, stumm,
ritt der Häuptling Oawumm.
Wie der den Gefangnen sah,
rief er afrikanisch: »Ha!
Laßt mich mit dem bleichen Schwein
augenblicklich ganz allein!«

Als die Schwarzen abgeschoben,
sprach es von dem Nashorn oben:
»I moin, daß i wetta könnt',
daß Sie d'r Herr Hesse send.«
Sprachlos stand der Dichter da,
bis er sagen konnte: »Ja!«
»Guckat Sie doch it so dumm,
i hoiß ja gar it Oawumm.

Wißt's, i bin a Molersg'sell
von Kaltbrunn bei Radolfzell.
Auf der Walz nach Sumatra
hat' mi' au' d'r Sturm verschlaa,
und jetzt hock' mit Farb und Pensl
i auf dera hoißan Ensl,
Ha mi' ag'molt um und um,
daß i schwarz bin wia a Mohr,
und jetzt, Häuptling bei dem Corps,
hoiß i' Ftschla Oawumm.«

Da ertönte fern ein Pfiff.
»Ja, da käm' ja grad a Schiff!
Setzen's Ihne 'nauf da hint',
nachert reit' mer fürri g'schwind,
so was gibt's net alle Jahr'
so a Glegaheit! 'S ischt wahr!«

Und er stieg mit etwas Zagen
auf das Dickhauttier von hint',

hörte noch den Ftschla sagen:
»Brauchscht koi Angst z'ha, 's tuat
d'r nünt!«
Hesse hinten, jener vorn,
rannte los das Nasenhorn
auf vertrauten Urwaldbahnen,
durch Bananen und Lianen,
bis es stand am hellen Strand
in dem grellen Ufersand.

Wie ein schwimmender Palast
lag mit Brücke, Turm und Mast
draußen auf der stillen See
groß das Kriegsschiff »Dorothée«.

Rasch ans Ufer schoß ein Boot
Mit der Flagge schwarz-weiß-rot,
Offizier mit goldnen Tressen
Salutierte vor Herrn Hessen,
sagt mit einem halben Knicks:
»So! Nu mal 'n bißchen fix!«

Ftschla sprach mit tiefem Weh:
»Grüaßand S' mir da Untersee!
Wissend's, i ka do it weg,
des verlangt der höhere Zweck.
Gell, wenn S' wieder drüba sind,
Schickend S' mir da Camenzind!«

Dorothéens Reiseziel
War der deutsche Hafen Kiel,
und von dort, in ein paar Stunden
hat der Dichter heimgefunden.
Still, bei zartem Abendrot,
stieg zum Jakob er ins Boot,

und wie jeden fragte der:
»Chömmet Sie vo' witers her?«
Zögernd erst, doch bald behender
wußte Hesse all die Länder
zu beschreiben, zu berichten
von den schrecklichen Geschichten,

was sich alles zugetragen,
wie er aus dem Haifischmagen
wieder lebig kam heraus,
und von jenes Sturmwinds Graus,
daß er kaum entrann dem Grabe,
und verlor die ganz Habe –,

wie die Neger ihn gefangen,
ihn beinahe brachten um,
doch wie gut's ihm dann gegangen
bei dem Häuptling Oawumm,
bis zuletzt zu rechter Zeit

ihn ein Kriegsschiff hat befreit,
das ihn in ganz wenig Tagen
bracht nach Haus. Jetzt sei er da.
Und im gleichen Ruderschlagen
sprach Freund Jakob: »Eba' ja.«

Nachwort

Zur Moritat von Otto Blümel

Es war anno 1911 in den üppigen Zeiten vor dem Ersten Weltkrieg, als man noch mit Goldmark bezahlte und Deutschlands letzter Kaiser von neuen Kolonien und einer Hochseeflotte träumte. Da lebte im südlichsten Zipfel unseres Landes, das sich damals noch Deutsches Reich nannte, möglichst weit weg von der Hauptstadt, also kurz vor der Schweizer Grenze, ein junger deutscher Dichter am stillsten Teil des Bodensees. Seit sieben Jahren verheiratet, war er gleich nach seiner Hochzeit hierhergezogen, um fernab von aller Betriebsamkeit die erste eigene Werkstatt seines Berufes beziehen und ein fleißiges, sparsames und naturnahes Leben führen zu können. Nichts war ihm so verdächtig wie das allgemeine Frohlocken über die beginnende Industrialisierung und die Windmacherei jener Schriftstellerkollegen, die sich in den Salons der feinen Gesellschaft bewegten, den Moden folgten und ihr Talent verkauften, um sich einen Lebensstil zu ermöglichen, der mit dem der preußischen Obrigkeit Schritt halten wollte. Bereits zehn Jahre zuvor hatte sich der Dichter darauf die folgenden Reime gemacht:

Man hatte mich eingeladen,
Ich wußte nicht warum;
Viel Herren mit schmalen Waden
Standen im Saal herum.

Es waren Herren von Namen
Und von gewaltigem Ruf,
Von denen der eine Dramen,
Der andre Romane schuf.

Sie wußten sich flott zu betragen
Und machten ein groß Geschrei.
Da schämte ich mich zu sagen,
Daß ich auch ein Dichter sei.

Wer Hermann Hesse, den Verfasser dieser Verse, am Bodensee besuchen wollte, mußte eine verzwickte Reise auf sich nehmen. Denn nur bis Konstanz oder Radolfzell konnte er die Eisenbahn benutzen, und von dort aus galt es, entweder mit der Postkutsche oder auf einem Dampfschiff weiterzureisen oder von Steckborn am schweizerischen Ufer in das südbadische 300-Seelendorf Gaienhofen hinüberzurudern. Es gab dort, als der Dichter fünf niedrige Stuben in einem baufälligen Bauernhaus gegenüber der Mauritiuskapelle mietete, weder Elektrizität noch Gas, geschweige denn eine Wasserleitung. Ein kleiner Brunnen vor dem Haus, der auch als Viehtränke diente, mußte ausreichen. Dafür hatte man einen wundervollen Blick über den See auf den schweizerischen Thurgau bis zum Alpenmassiv des Säntis und Glärnisch. Diese ländliche Abgeschiedenheit machte es dem Dichter leicht, auf die Errungenschaften der Zivilisation zu verzichten, wenigstens solange noch kei-

Blick vom Untersee auf das Bodenseedorf Gaienhofen. Lithographie von Ludwig Renner, um 1909

ne Kinder da waren. Im Dezember 1905 brachte seine Frau Mia, eine Fotografin aus Basel, den ersten Sohn zur Welt, und bald schon hatten sich die Verhältnisse der Eheleute so sehr gebessert, daß man an den Bau eines eigenen Hauses (mit Elektrizität und Wasserleitung aus eigener Quelle) denken konnte, des ersten und einzigen, das sie je – und auch nur für kurze Zeit – besessen haben.

Drei Romane *Peter Camenzind* (1904), *Unterm Rad* (1906), *Gertrud* (1909), zwei

Bände mit Erzählungen, Monographien über *Franz von Assisi* und *Boccaccio*, drei Gedichtbücher und viele Beiträge in der deutschen, schweizerischen und österreichischen Tagespresse hatten den gerade dreißigjährigen Dichter mittlerweile so bekannt gemacht, daß zahllose Leser, aber auch Schriftsteller und andere Künstler sich für ihn zu interessieren begannen und an den Bodensee auf die entlegene Halbinsel »Höri« reisten, um ihn zu besuchen. Vor allem Musiker, junge Komponisten und Maler waren es, die sich zu ihm hingezogen fühlten und sich (wie Max Bucherer aus Basel, Wilhelm Steinhausen aus Frankfurt am Main, Ludwig Renner aus München) vorzugsweise in den Sommermonaten in seiner Nähe niederließen. Zu ihnen gehörte auch der damals 28jährige Otto Blümel (1881-1973) aus München, vielseitig begabt als Maler, Möbelgestalter, Innenarchitekt, Moritatendichter, Graphiker und Illustrator, hatte er damals bereits zwei Bücher von Hermann

Hesse ausgestattet, den Roman *Gertrud* und den Gedichtband *Unterwegs*. Von 1909 bis 1912 kam er regelmäßig nach Gaienhofen, wo er im Haus des bienenzüchtenden Schneidermeisters Josef Köpfler ein auch von Max Bucherer genutztes Maleratelier bezog. Hier konnte auf einer Druckerpresse experimentiert, konnten seine poetisch-romantischen Landschaftsbilder[1], Holz- und Scherenschnitte angefertigt und 1910 u. a. eine zauberhafte Weihnachtskrippe für Hesses Kinder hergestellt werden, die ganz auf das Bodensee-Ambiente abgestimmt war. Gemeinsame Ausflüge im Ruderboot auf die nahe gelegene Insel Reichenau, den Rhein abwärts bis nach Schaffhausen, Schmetterlingsfang mit den Kindern, Angeln, Schwimmen und abendliches Musizieren sorgten für Abwechslung, so daß es Hesses Frau Mia stets bedauerte, wenn die

1 Vgl. u. a. die Reproduktionen in der Zeitschrift »Dekorative Kunst«, Bruckmann Verlag, München vom Oktober 1912.

Illustration Otto Blümels in der Erstausgabe von Hermann Hesses Gedichtsammlung »Unterwegs«, Georg Müller Verlag, München 1911

geselligen Sommermonate vorüber waren, die Künstlerkolonie sich auflöste und vom See her jene Dunstschwaden die kältere Jahreszeit ankündigten, denen eines der populärsten Gedichte Hermann Hesses, »Im Nebel«, seine Entstehung verdankt.

Im vorletzten Sommer, den der Dichter am Bodensee verbrachte, hatte sich ihm die Möglichkeit geboten, den Schweizer Malerfreund Hans Sturzenegger, der seinen Bruder in Singapur besuchen wollte, auf eine Schiffsreise nach Indonesien zu begleiten. Er zögerte keinen Augenblick, diese Gelegenheit beim Schopf zu packen. Denn Indien war für Hermann Hesse schon immer ein Sehnsuchtsziel, zumal seine Mutter dort zur Welt gekommen war und sein Vater und Großvater an der Westküste des Subkontinents den sogenannten Heiden das Christentum nahezubringen versucht hatten. So war seine ganze Kindheit im Calwer Elternhaus be-

Blick von Stein am Rhein auf den Bodensee. Holzschnitt von Otto Blümel, um 1910

stimmt und durchsetzt von Reminiszenzen seiner aus Asien zurückgekehrten Missionarsfamilie, sei es nun durch Berichte, Erinnerungsstücke oder Besucher, die von der märchenhaften Welt am Äquator erzählten. Diese endlich auch mit eigenen Augen erleben zu können, hatte für Hesse einen unwiderstehlichen Reiz.

Die Nachricht von den exotischen Reiseplänen des Dichters verbreitete sich wie ein Lauffeuer, ja sogar die regionalen Zeitungen nahmen Notiz davon und stimulierten die Phantasie seiner Künstlerfreunde in Gaienhofen, insbesondere den einfallsreichen Otto Blümel. Während sich Hesse mit Englischlektionen auf seine Tropenexpedition vorbereitete, dachte sich der Maler einen Spaß aus und verfertigte in Wort und Bild ein Schattenspiel, das dem Dichter die Gefahren vor Augen führen sollte, auf die sich einzulassen er offenbar entschlossen war. Schon in seiner Kindheit hatte Otto Blümel Scherenschnitte und Silhouetten für Schattentheater entworfen, womit er Begebenheiten aus seiner Heimatstadt Augsburg glossierte. Ein Abenteuer freilich, wie Hesse es im Sinn hatte, bot seiner Phantasie ganz neue und ungeahnt kurzweiligere Entfaltungsmöglichkeiten.

So entstand innerhalb weniger Tage in Wort und Bild die Moritat von Hesses bevorstehender Indienreise. Sie wurde Ende August 1911, eine Woche vor seiner Abreise, in Otto Blümels Atelier in Anwesenheit des Dichters, seiner Familie und unter

Otto Blümel im Alter von sechzig Jahren

Mitwirkung der Freunde erstmals inszeniert. Mit der ihm eigenen Bescheidenheit hat Blümel später nie irgendwelches Aufheben davon gemacht. Die einzige Notiz von ihm, die sich überliefert hat, lautet: »Anton Kerschensteiner hat als Kulissenschieber und Ludwig Renner als Sänger viel zu der geglückten Aufführung beigetragen.«

Das Spiel beginnt in Hesses vier Jahre zuvor auf einer Anhöhe über dem Erlenloh erbauten Haus. Dort hatte man von der nach dem Schweizer Ufer ausgerichteten Gartenterrasse damals noch einen weiten, unverbauten Blick über die ganze Seefläche, nach Osten zur Insel Reichenau und Konstanz, nach Südwesten zum Rheinausfluß bei Stein. Im ersten Bild des Schattenspiels sieht man den Dichter auf der verglasten Veranda mit der Lektüre eines alten Reiseschmökers beschäftigt. Es ist der abenteuerliche Bericht des irischen Abtes Brandanus, der auf einer Barke mit einer Mannschaft von 12 Mön-

Das 1906/07 erbaute Haus der Familie Hesse in Gaienhofen, das sie bis 1912 bewohnte. Im Vordergrund die Veranda, auf der das Schattenspiel einsetzt

chen im Jahre 577 eine Meerfahrt unternahm, um das »Land der Verheißung« zu entdecken. Hesse, der sich in seinen Bodenseejahren intensiv mit der Überlieferung alter Sagen und Heiligenhistorien befaßte und zu dieser Zeit selber zahlreiche Legenden schrieb, scheint damals seinen Freunden die 1871 in deutscher Übersetzung erschienene Meerfahrt Brandans (»Navigatio Sancti Brandani«, um 1050) zum besten gegeben zu haben. Sie handelt von den Erlebnissen einer siebenjährigen Ozeanreise und von Meerungeheuern, welche die Mönche für Inseln hielten. Solche Fabeln wecken in Otto Blümels Begleittext den Widerspruchsgeist des Dichters und, hin- und hergerissen zwischen Neugier und Zweifeln an der Glaubwürdigkeit des Berichtes, faßt er plötzlich den Entschluß: »Nicht der Druckerschwärze trauen, / sondern selber gehn und schauen, / scheint mir rechten Mannes Art. / Mich gelüstet solche Fahrt / einmal selbst zu unternehmen, / um den Lügner zu beschämen.« Daß er daraufhin im Boot den ganzen Rhein hinab bis zu dessen Mündung in die Nordsee segelt und, wie es heißt, »Europen« umschifft und »plötzlich in den Tropen« landet, ist natürlich ebenso phantastisch wie alles, was ihm unterwegs zustößt, von der Begegnung mit dem Hai, der aus dramaturgischen Gründen als Walfisch auftritt, bis zu seinem Schiffbruch an der Küste von

Ostafrika, wo die Reise ihr abruptes Ende findet. Vom Fisch verschlungen und bald darauf wieder ausgespuckt – der unverdaulichen Chemikalien wegen, die Hesse zum Präparieren der Tropenfalter mitgenommen hat –, findet er sich bald darauf umzingelt von Eingeborenen. Nur ihr auf seinen Erstlingsroman *Peter Camenzind* erpichter Häuptling, der sich als ein schiffbrüchiger Malergeselle aus Kaltbrunn bei Radolfzell herausstellt, rettet ihn vor dem Kochtopf. Auch die Rückreise auf dem Kriegsschiff »Dorothee« der kaiserlichen Marine ist natürlich erfunden, wenngleich schon etwas wahrscheinlicher. Man denke nur an den Hochseeflottentick des damaligen Kaisers Wilhelm II., der Deutschland auf Teufel komm raus zu einer Kolonial- und Seemacht aufrüsten wollte (»Unsere Zukunft liegt auf dem Wasser!«), und den naßforsch berlinernden Kommandoton seiner Offiziere, für den der aus Bayern stammende Otto Blümel ein feines Gehör hatte.

Wirklich authentisch ist jedoch die Gestalt des Dichters mit Strohhut und Schmetterlingsnetz. Denn die Jagd auf Schmetterlinge und das Sammeln von Faltern war eine seiner Leidenschaften von Kindheit an, eine Passion, der er damals erneut mit seinen eigenen Kindern am Bodensee und dann erst recht am Äquator gefrönt hat, um einige besonders exotische Exemplare von seiner Reise nach Hause bringen zu können. Hesses Sympathiebezeugungen für die Schmetterlinge füllen ein ganzes Bändchen mit Betrachtungen, Erzählungen und Gedichten (insel taschenbuch 385).

Urkomisch sind die Reime, die Otto Blümel sich für seine Moritat ausdachte. Ein fideler Einfall folgt auf den anderen, und wo der Reim nicht ganz paßt, wird mit etwas Sprachwitz nachgeholfen, »Fort nach Indien, fort nach Indien, / Werden wir den Weg schon findien«, und im Urwald eingetroffen, »wo die Luft so heiß und dumpf / wie in einem trüben Sumpf«, seufzte Hermann Hesse »schwül: / Deutscher Wald wie bist du kühl!«. Dank ihrer Originalität haften viele dieser Verse im Gedächtnis, wie eine eingängige Melodie, die sich immer wieder einstellt, auch noch lange nachdem man sie gehört hat. Und wie angegossen passen zu diesen Versen auch die Scherenschnitte des Schattentheaters. Ihr Humor entspringt ähnlichen Quellen wie die Komik von Heinrich Hoffmanns Struwwelpeter, der Schalk der Bildergeschichten Wilhelm Buschs oder der Marionettenkomödien des Franz Graf von Pocci.

Wirklichkeitstreu wie die erste Szene auf der Terrasse über dem Garten des Hesse-Hauses ist auch das letzte Bild mit der siebentürmigen Wasserburg von Steckborn, von wo aus der Schweizer Fährmann Jakob den Dichter über den See nach Gaienhofen zurückrudert. Daß Jakob auf den abenteuerlichen Bericht seines Fahrgastes nur mit einem gelassenen »Eba' ja« reagiert, mag für den Leser

Hermann Hesse dreißigjährig in Gaienhofen.
Foto: Mia Hesse

zwar eine nur mäßig originelle Schlußpointe sein, für die damaligen Zuschauer des Schattenspiels dagegen war es ein erheiternder Ausklang, zumal jeder von ihnen den Jakob und seine durch nichts zu erschütternde gutmütig-thurgauische Wortkargheit kannte.

Fraglich ist, ob der amüsante Einfall, dem zufolge sich der Eingeborenenhäuptling als schiffbrüchiger Malergeselle vom Bodensee entpuppt, auf eine Anregung Hesses zurückgeht – der Dichter also doch ein wenig mitgemischt hat. Jedenfalls findet sich in Hesses Jugendschriften unter dem Titel »Hannes und Dadde«[1] ein verblüffendes Gegenstück. Es handelt sich dabei um ein in Trochäen verfaßtes »frisch-fröhliches Seminaristen-Kneiplied«, das Hesse im Alter von 17 Jahren für seinen Maulbronner Schulfreund Theodor Rümelin geschrieben hat. Die unzertrennlichen Freunde, von Maulbronn ins

1 Vgl. H. Hesse, Sämtliche Werke Bd. 1 »Jugendschriften«, Frankfurt am Main 2001, S. 88-95.

Tübinger Stift versetzt, sollen sich dort auf ihr Examen vorbereiten. Doch plötzlich ist Hannes verschwunden. Auf das Gerücht hin, er sei nach Amerika geflohen, folgt ihm Dadde dorthin, nachdem er beim Examen gescheitert ist. Unter einen Indianerstamm geraten, wird er gefangengenommen und an einen Marterpfahl gebunden. Sein Leben verdankt er dem Häuptling, der sich unversehens als sein Schulfreund Dadde herausstellt, ähnlich wie sich der Häuptling bei Otto Blümel als ein Malergeselle aus Kaltbrunn, einem Dorf gegenüber der Bodenseeinsel Reichenau, entpuppt.

Wie Heinrich Hoffmanns Struwwelpeter, der ja zunächst auch nur für seine Kinder bestimmt war, ist Otto Blümels Moritat weder für die Nachwelt noch für eine Buchpublikation konzipiert worden. Sie war ein Spaß, den er sich aus besonderem Anlaß einzig zum Hausgebrauch für seine Freunde ausgedacht hatte.

Als bewegliche Figuren eines Schattenspiels entworfen, können die hier abgebildeten Scherenschnitte freilich nur einzelne Szenen, nicht aber den von musikalischen Einlagen belebten Ablauf des Stückes vergegenwärtigen. Dennoch sind allein schon die Figuren und Verse so lebendig, daß es nicht schwerfällt, sich ihr Zusammenspiel vorstellen und das Vergnügen nachvollziehen zu können, das es den Zuschauern kurz vor Hesses Aufbruch nach Asien gemacht hat.

Am 7. September 1911 ist der Dichter dann von Genua aus, natürlich nicht im Segelboot, sondern an Bord der »Prinz Eitel Friedrich«, eines Dampfers des Norddeutschen Lloyd, in See gestochen. Auf einer Postkarte von dort schrieb er dem befreundeten Redakteur der Zeitschrift »Simplicissimus«: »Still verlaß ich dieses Hafens Becken / Nun kann Europa mich am ...« Er durchkreuzte das Mittelmeer, kam durch den Suezkanal, das Rote Meer und den Golf von Aden in den Indischen

Der Dichter mit einem Freund beim Chianti, um 1910

Ozean nach Ceylon (Sri Lanka), Sumatra und Singapur. Obwohl er es ursprünglich plante, hat er den indischen Subkontinent nie betreten. Denn viel früher als beabsichtigt, schon nach drei Monaten, mußte er umkehren, weil er das feucht-tropische Klima und, wie er sagte, den

»Kolonialfraß« nicht mehr vertrug. Seine Eindrücke von dieser Reise hat er in seinem Buch *Aus Indien* (1913) so anschaulich festgehalten, daß es auch heute noch, in erweiterter Form (als suhrkamp taschenbuch 562), lieferbar ist.

Otto Blümels Reime wie auch die Scherenschnitte des Schattentheaters waren lange Zeit verschollen, bis sein Sohn Walter sie, letztere in etwas desolatem Zustand, wiederentdeckte. Anläßlich einer Veranstaltungsreihe, die Otto Blümels Geburtsstadt Augsburg 1997 zu Hesses 120. Geburtstag abhielt, präsentierte er sie damals der Presse, und bald darauf schon fiel der Entschluß, das Stück erneut aufzuführen. Zu diesem Zweck galt es, die aus schwarzem Karton gefertigten Scherenschnitte, welche die beiden Weltkriege nicht mehr ganz komplett und unversehrt überstanden hatten, originalgetreu zu restaurieren, sie um das eine oder andere reizvolle Detail zu bereichern und teilweise nach alten Fotografien zu vervollständigen. Außerdem konstruierte Walter Blümel für die Neuinszenierung, die am 26. 7. 1997 im vollbesetzten Erdgeschoß des Münchner Rathauses am Marienplatz stattfand, eine von innen beleuchtete, dreiteilige Drehbühne, die es ermöglichte, die Transparente mit den verschiedenen Schauplätzen der Handlung ohne Zeitverlust ins Blickfeld zu rücken. Der Erfolg des nun erstmals vor einem großen Publikum gezeigten Schattenspiels war so überwältigend, daß das Stück seither mehr als zehnmal mit ganz ähnlichem Beifall auch an anderen Orten wiederholt werden konnte.

Sehr viel einfacher muß die Präsentation bei der Uraufführung Ende August 1911 in Gaienhofen gewesen sein. Die verschiedenen Szenentransparente, hinter welchen Otto Blümel die Figuren führte, wurden auf einen Tisch gestellt, so daß sich die Bühne in Blickhöhe der Zuschauer befand. In den mit musikalischen Einlagen überbrückten Pausen sorgte der bereits als »Kulissenschieber« erwähnte Anton Kerschensteiner für die erforderlichen Szenenwechsel. Leider hat sich bis heute kein einziger Bericht eines Augenzeugen über diese früheste Inszenierung gefunden, auch von Hesse ist bisher noch kein Brief darüber aufgetaucht. Nur ein kleines Stegreifgedicht von ihm mit dem Titel »Des Gärtners Spruch bei neuerlichem Verlust eines Gastes« ist überliefert, geschrieben anläßlich der Abreise des »Kulissenschiebers«:

»Heute geht schon wieder einer,
diesmal heißt er Kerschensteiner,
Wandervogel und Jurist.
Sich im Stande zu erhöhen,
sieht man ihn nach München gehen,
statt zu bleiben, wie er ist.
Möge Gott ihn lang erhalten,
hohe Ämter zu verwalten,
bis es ihm verleidet ist.«

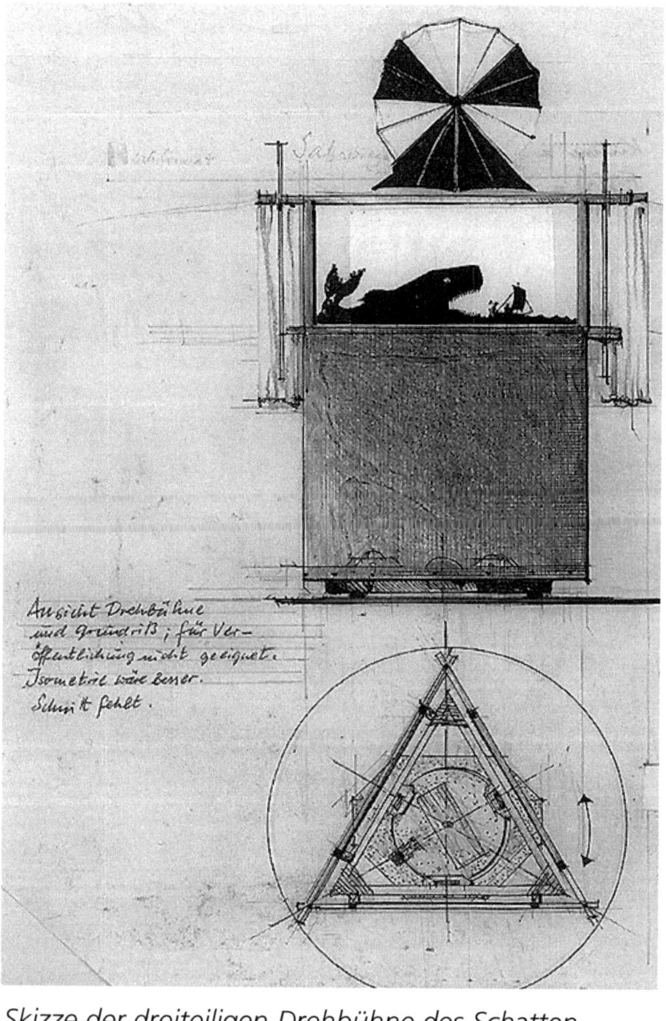

*Skizze der dreiteiligen Drehbühne des Schatten-
theaters und dessen Grundriß von Walter Blümel*

Im Gegensatz zu ihm, der schließlich zum Präsidenten des Bayrischen Arbeitsgerichtes aufstieg, verlief die äußere Karriere seines Freundes Otto Blümel weniger spektakulär. Seit 1908 war er Leiter des Zeichensaals der bekannten in Bremen und München ansässigen »Vereinigten Werkstätten für Kunst im Handwerk« und mit seinen mehr als 600 innenarchitektonischen Einrichtungsentwürfen neben Prof. Bruno Paul und Prof. P. L. Troost einer ihrer produktivsten Repräsentanten. Ab 1920 wurde Otto Blümel Fachschuldirektor der Schnitzschule in Partenkirchen. Zu seinen reizvollsten Veröffentlichungen zählt das 1914 im Münchner Verlag von Albert Langen erschienene Bändchen *Larifari* mit den zeitkritischen Kasperlestücken »Der Dichter«, »Der Klausner« und »Die Maler«, das 1996 (herausgegeben von Manfred Wegner im Buchendorfer Verlag, München) neu aufgelegt wurde. Hesse schrieb darüber am 20. 9. 1917 in der Zeitschrift »März«:

»Wer ein paar Stunden lang die echteste Luft des alten, guten, kultiviert-vergnügten München atmen will, mit Anklängen an Pocci und Spitzweg und Anklängen an Schwabing, der lese und betrachte das Büchlein *Larifari*, drei Kasperlstücke, Text und Zeichnungen von Otto Blümel. Das ist kein Theater- und Modekasperl, mit Berliner Einschlag aus dem Hochdeutschen übersetzt, das ist der alte bayrische Kasperl, ganz und gar, einerlei ob er Radi frißt oder futuristische Bilder malt. Die drei Spiele gehören zu den besten Stükken süddeutschen Humors aus unserer Zeit.«

Blümels Vorliebe für die Mundart machte ihn bald darauf zum Mitarbeiter bei der Erstellung des »Bayrischen Wörterbuches«. Denn »das Sprachliche«, betont er in einem für die »Münchner Zeitung« geschriebenen Selbstportrait, »hat mich von Jugend auf immer beschäftigt. Dabei habe ich früh gespürt und herausgefunden, daß die Mundart an Unmittelbarkeit und Ausdruckskraft der Schriftsprache oft weit überlegen ist, gerade auch im Ernsten und Zarten, dem die meisten Dialektschriftsteller aus dem Wege gehen.« Dieses Sensorium für die leisen Töne zeigt sich besonders in Otto Blümels 1932 in bayrischer Mundart geschriebenen *Werdenfelser Krippenspiel*, das bald darauf in einer reizvoll von ihm ausgestatteten Buchausgabe ebenfalls bei Albert Langen erschien.

1913 plante Hesses Verleger für seine neue Reihe »S. Fischers Illustrierte Bücher« ein von Otto Blümel bebildertes Bändchen mit den damals in Buchform noch nicht vorliegenden Hesse-Erzählungen »Der Novalis«, »Casanovas Bekehrung« und »Ein Wandertag vor hundert Jahren«. Otto Blümel machte sich sofort an die Arbeit, doch offenbar schon zu einem Zeitpunkt, als im Verlag noch mit der Ausstattung der Bändchen experimentiert wurde. Blümels größtenteils breitformatige Illustrationen erwiesen sich für den engen Satzspiegel der kleinen hochformatigen Bücher, auf die sich S. Fischer dann festlegte, als ungeeignet. Auch wollte der Verleger auf die ihm schwächer erscheinende Erzählung »Der Novalis« verzichten. Als Hesse dennoch darauf bestand, diese Geschichte aufzunehmen, verlor der Verlag die Lust an diesem Projekt, woran auch Otto Blümels Entgegenkommen, die Illustrationen nochmals zu machen und sie dem gewünschten Kleinformat von 8 x 8,5 cm anzupassen, nichts ändern konnte. Die eindrucksvollen, heute im Nachlaß des Illustrators befindlichen Bilder zum »Wandertag vor hundert Jahren« sind somit leider unveröffentlicht geblieben. Ob er auch die Erzählungen »Der Novalis« und »Casanovas Bekehrung« bebildert hat, ist ungewiß.

Die Freundschaft, die Hesse mit Otto Blümel verband, war lebenslang. Ihr Briefwechsel von 1909 bis zum Tod des Dichters umfaßt etwa 400 Schreiben und zählt zu Hesses ungetrübtesten Verbindungen mit Künstlerkollegen, zumal sich Otto Blümel – was ja nicht von allen Freunden Hesses aus den Bodenseejahren gesagt werden kann – bei aller Traditionsverbundenheit auch gegenüber den Herausforderungen des Nationalsozialismus als immun erwies.

Volker Michels

Frankfurt am Main im Oktober 2001

Editorische Notiz

Die Scherenschnitte von Otto Blümel, die vereinzelt seit 1912 in verschiedenen Publikationen reproduziert wurden, erscheinen hier erstmals vollständig. Fotografiert wurden sie von Thomas Klinger (Atelier Klinger & Schug, München), dem wir die Druckvorlagen verdanken. Unser besonderer Dank gilt Otto Blümels Sohn Walter Blümel und seiner Frau Liesel sowie seinem Neffen Dr. Markus Lutz, der den Herausgeber auf die Existenz der Originalvorlagen und des Manuskriptes von Otto Blümel, das hier gleichfalls erstmals publiziert wird, hingewiesen hat.

Insel Verlag Anton Kippenberg GmbH & Co. KG
Torstraße 44, 10119 Berlin
info@insel-verlag.de
www.insel-verlag.de